Impressum
Verlag: BABADADA GmbH, Nedderfeld 112 , 22529 Hamburg
Geschäftsführer / Verlagsleitung: Harald Hof
Druck: Books on Demand GmbH, In de Tarpen 42, 22848 Norderstedt

Imprint
Publisher: BABADADA GmbH, Nedderfeld 112 , 22529 Hamburg, Germany
Managing Director / Publishing direction: Harald Hof
Print: Books on Demand GmbH, In de Tarpen 42, 22848 Norderstedt

5ch00l

koulu

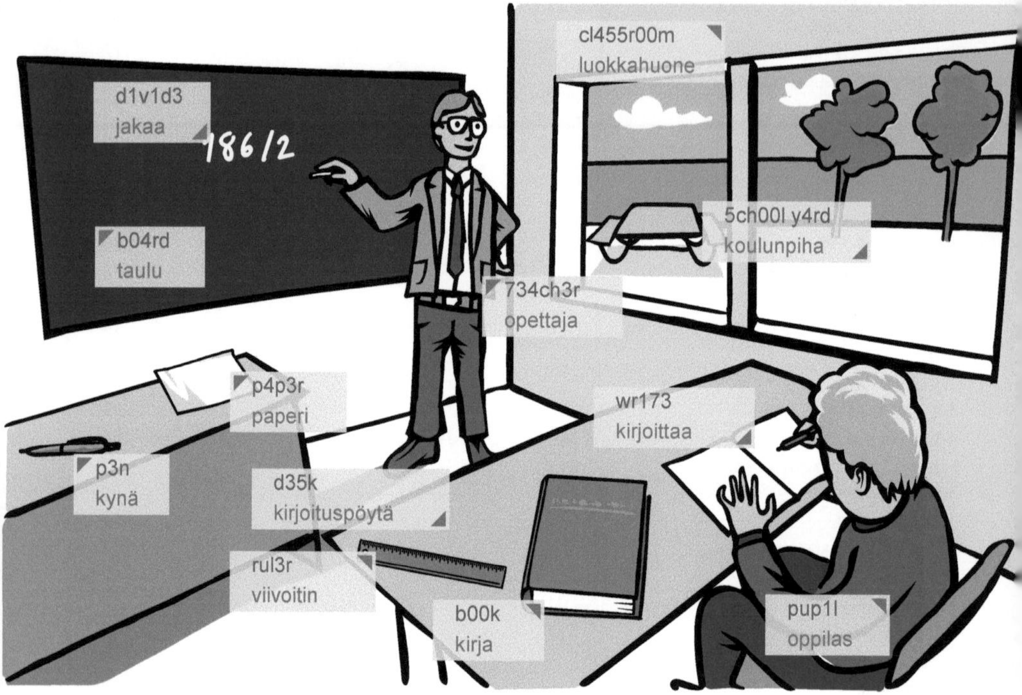

cl455r00m
luokkahuone
d1v1d3
jakaa
186/2
b04rd
taulu
5ch00l y4rd
koulunpiha
734ch3r
opettaja
p4p3r
paperi
wr173
kirjoittaa
p3n
kynä
d35k
kirjoituspöytä
rul3r
viivoitin
b00k
kirja
pup1l
oppilas

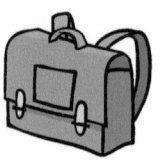

547ch3l

reppu

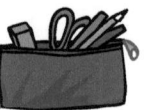

p3nc1l c453

penaali

p3nc1l

lyijykynä

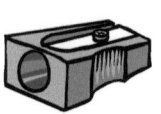

p3nc1l 5h4rp3n3r

kynänteroitin

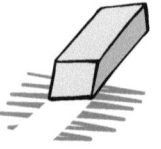

rubb3r

pyyhekumi

dr4w1n6 p4d

piirustuslehtiö

dr4w1n6
....
piirustus

p41n7bru5h
....
pensseli

p41n7 b0x
....
vesivärit

5c1550r5
....
sakset

6lu3
....
liima

3x3rc153 b00k
....
harjoituskirja

h0m3w0rk
....
kotitehtävä

numb3r
....
luku

4dd
....
lisätä

5ub7r4c7
....
vähentää

mul71ply
....
kertoa

c4lcul473
....
laskea

l3773r
....
kirjain

4lph4b37
....
aakkoset

w0rd
....
sana

73x7

teksti

r34d

lukea

ch4lk

liitu

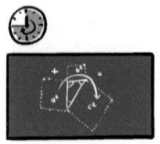

l3550n

oppitunti

r361573r

opettajan muistikirja

3x4m1n4710n

koe

c3r71f1c473

todistus

5ch00l un1f0rm

koulupuku

3duc4710n

koulutus

3ncycl0p3d14

sanakirja

un1v3r517y

yliopisto

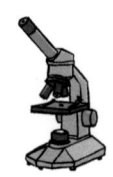

m1cr05c0p3

mikroskooppi

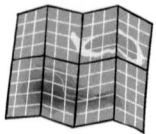

m4p

kartta

w4573-p4p3r b45k37

roskakori

7r4v3l
matka

h073l
hotelli
h0573l
retkeilymaja
ROOMS
currency 3xch4n63 0ff1c3
rahanvaihto
EXCHANGE
5u17c453
matkalaukku
c4r
auto

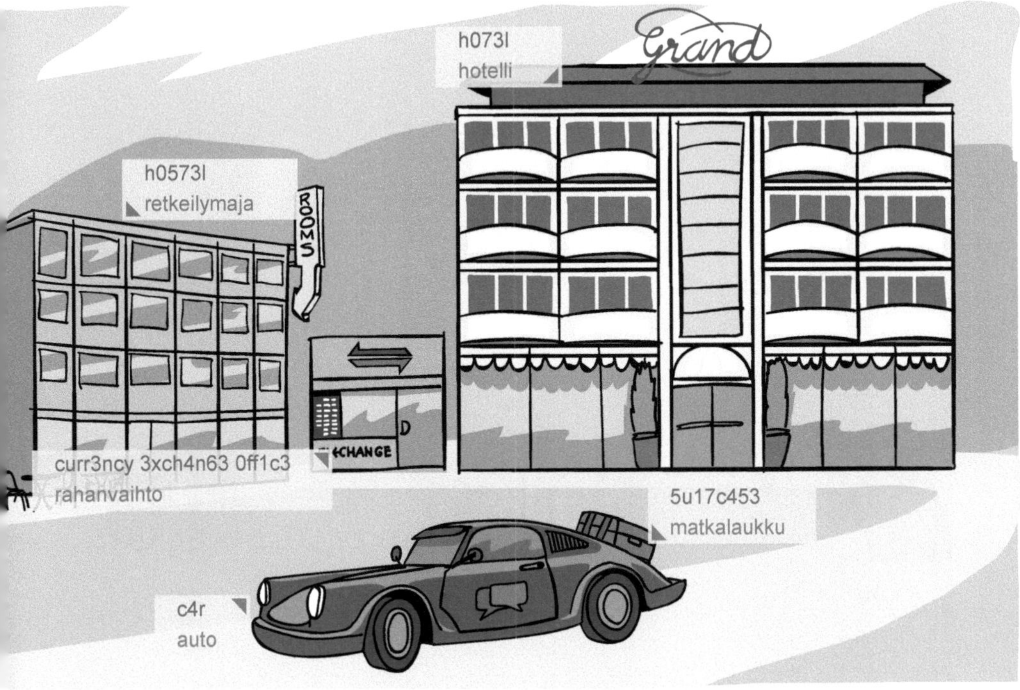

l4n6u463
kieli

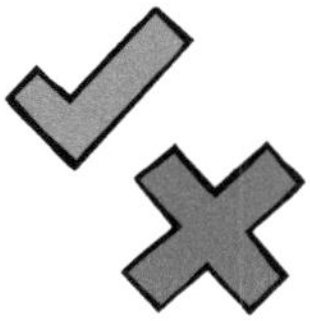

y35 / n0
kyllä / ei

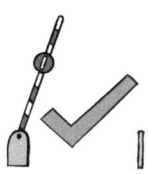

0k4y
selvä

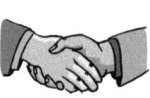

h3ll0
hei

7r4n5l470r
tulkki

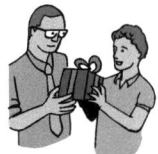

7h4nk y0u
kiitos

h0w much 15

Paljonko...maksaa?

1 d0 n07 und3r574nd

en ymmärrä

pr0bl3m

ongelma

600d 3v3n1n6!

Hyvää iltaa!

600d m0rn1n6!

Hyvää huomenta!

600d n16h7!

Hyvää yötä!

600dby3

näkemiin

d1r3c710n

suunta

lu66463

matkatavarat

b46

laukku

b4ckp4ck

reppu

6u357

vieras

r00m

huone

5l33p1n6 b46

makuupussi

73n7

teltta

70ur157 1nf0rm4710n

turisti-info

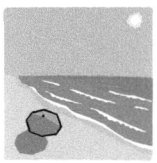

b34ch

ranta

cr3d17 c4rd

luottokortti

br34kf457

aamupala

lunch

lounas

d1nn3r

päivällinen

71ck37

matkalippu

3l3v470r

hissi

574mp

postimerkki

b0rd3r

raja

cu570m5

tulli

3mb455y

suurlähetystö

v154

viisumi

p455p0r7

passi

7r4n5p0r7
kuljetus

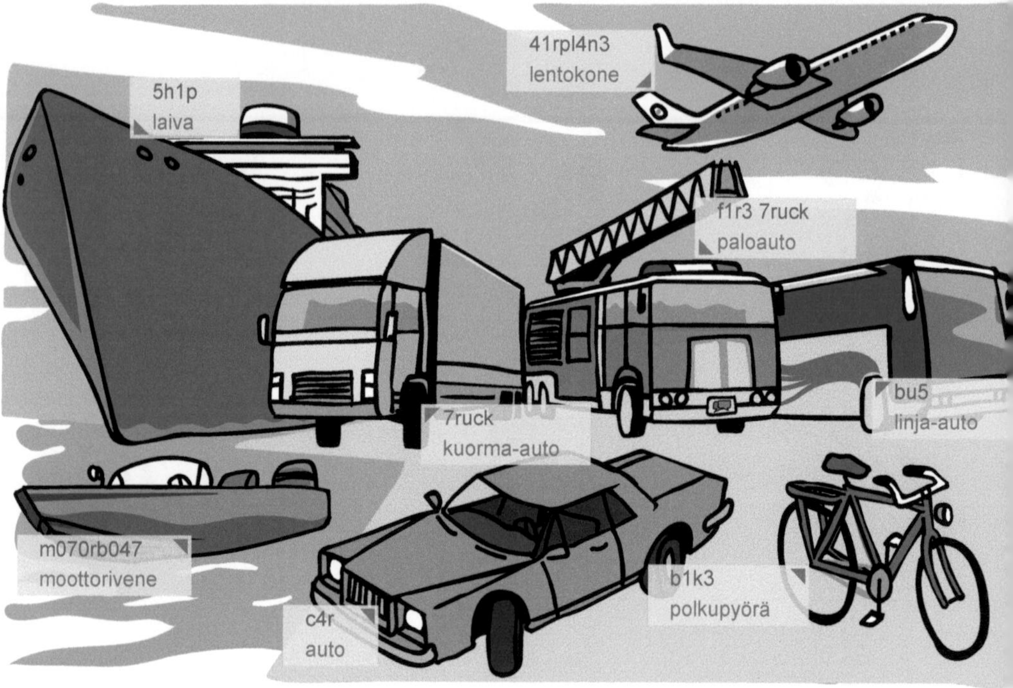

41rpl4n3
lentokone
5h1p
laiva
f1r3 7ruck
paloauto
7ruck
kuorma-auto
bu5
linja-auto
m070rb047
moottorivene
b1k3
polkupyörä
c4r
auto

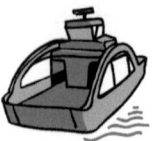

f3rry

lautta

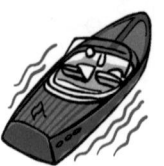

b047

vene

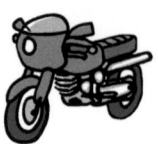

m070rb1k3

moottoripyörä

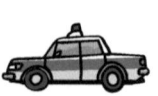

p0l1c3 c4r

poliisiauto

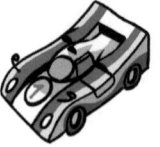

r4c1n6 c4r

kilpa-auto

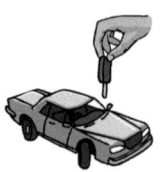

r3n74l c4r

vuokra-auto

c4r 5h4r1n6

car sharing

70w 7ruck

hinausauto

64rb463 7ruck

roska-auto

3n61n3

moottori

fu3l

polttoaine

fu3l 574710n

huoltoasema

7r4ff1c 516n

liikennemerkki

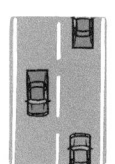

7r4ff1c

liikenne

7r4ff1c j4m

ruuhka

p4rk1n6 l07

parkkipaikka

7r41n 574710n

rautatieasema

7r4ck5

raiteet

7r41n

juna

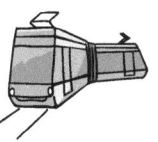

7r4m

raitiovaunu

w460n

vaunu

h3l1c0p73r

helikopteri

41rp0r7

lentokenttä

70w3r

lähilennonjohto

p4553n63r

matkustaja

c0n741n3r

kontti

c4r70n

pahvilaatikko

c4r7

kärryt

b45k37

kori

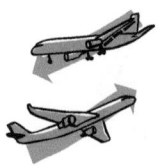

74k3 0ff / l4nd

nousta / laskea

c17y

kaupunki

v1ll463

kylä

c17y c3n73r

keskusta

h0u53

talo

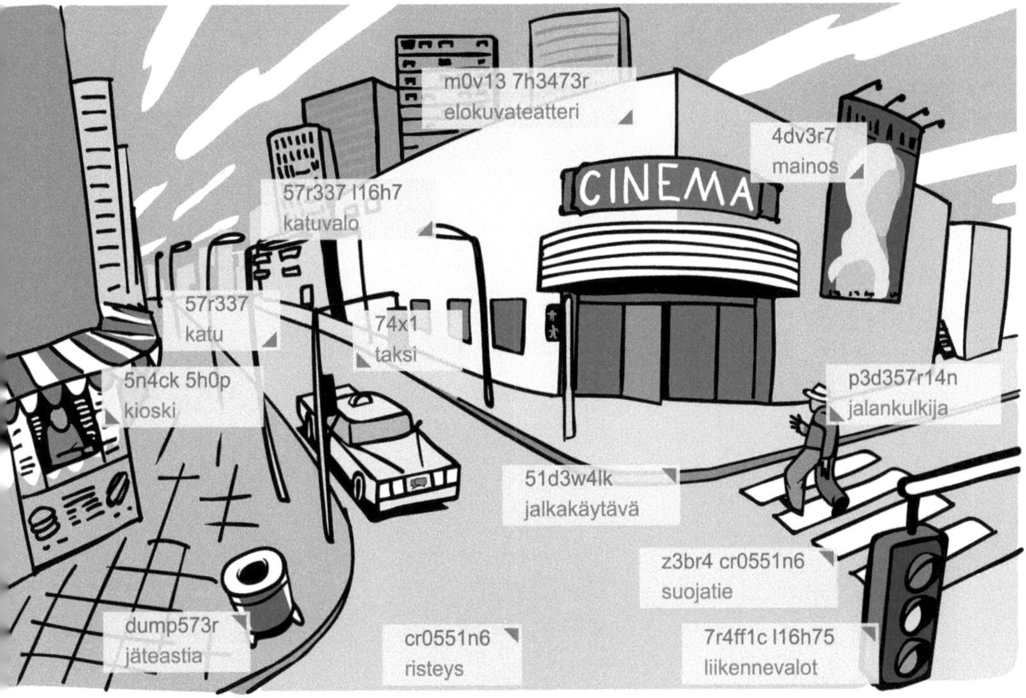

m0v13 7h3473r
elokuvateatteri
CINEMA
4dv3r7
mainos
57r337 l16h7
katuvalo
57r337
katu
74x1
taksi
5n4ck 5h0p
kioski
p3d357r14n
jalankulkija
51d3w4lk
jalkakäytävä
z3br4 cr0551n6
suojatie
dump573r
jäteastia
cr0551n6
risteys
7r4ff1c l16h75
liikennevalot

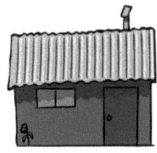

hu7

mökki

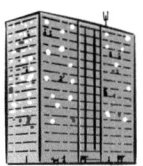

4p4r7m3n7

kerrostalo

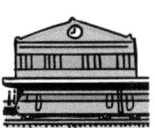

7r41n 574710n

rautatieasema

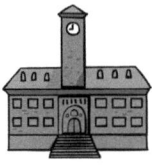

c17y h4ll

kaupungintalo

MUSEUM

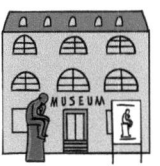

mu53um

museo

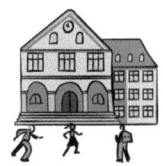

5ch00l

koulu

un1v3r517y

yliopisto

b4nk

pankki

h05p174l

sairaala

h073l

hotelli

ph4rm4cy

apteekki

0ff1c3

toimisto

b00k 5h0p

kirjakauppa

5h0p

liike

fl0w3r 5h0p

kukkakauppa

5up3rm4rk37

supermarketti

m4rk37

tori

d3p4r7m3n7 570r3

tavaratalo

f15hm0n63r'5 5h0p

kalakauppias

m4ll

ostoskeskus

h4rb0r

satama

p4rk

puisto

b3nch

penkki

br1d63

silta

5741r5

portaat

5ubw4y

metro

7unn3l

tunneli

bu5 570p

linja-autopysäkki

b4r

baari

r3574ur4n7

ravintola

p057b0x

postilaatikko

57r337 516n

katukyltti

p4rk1n6 m373r

parkkimittari

z00

eläintarha

5w1mm1n6 p00l

uimala

m05qu3

moskeija

f4rm

maatila

p0llu710n

ympäristön saastuminen

c3m373ry

hautausmaa

church

kirkko

pl4y6r0und

leikkikenttä

73mpl3

temppeli

l4nd5c4p3

maisema

l34f
lehti

516np057
tienviitta

p47h
tie

m34d0w
niitty

570n3
kivi

h1k3r
retkeilijä

7r33
puu

r1v3r
joki

6r455
ruoho

fl0w3r
kukka

v4ll3y

laakso

h1ll

vuori

l4k3

järvi

f0r357

metsä

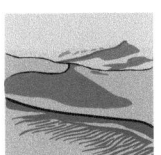

d353r7

aavikko

v0lc4n0

tulivuori

c457l3

linna

r41nb0w

sateenkaari

mu5hr00m

sieni

p4lm 7r33

palmu

m05qu170

hyttynen

fly

kärpänen

4n7

muurahainen

b33

mehiläinen

5p1d3r

hämähäkki

b337l3

kovakuoriainen

fr06

sammakko

5qu1rr3l

orava

h3d63h06

siili

h4r3

jänis

Owl

pöllö

b1rd

lintu

5w4n

joutsen

b04r

villisika

d33r

peura

m0053

hirvi

d4m

pato

w1nd 7urb1n3

tuulimylly

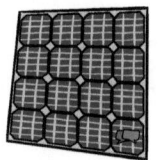

50l4r p4n3l

aurinkopaneeli

cl1m473

ilmasto

r3574ur4n7
ravintola

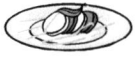

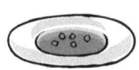

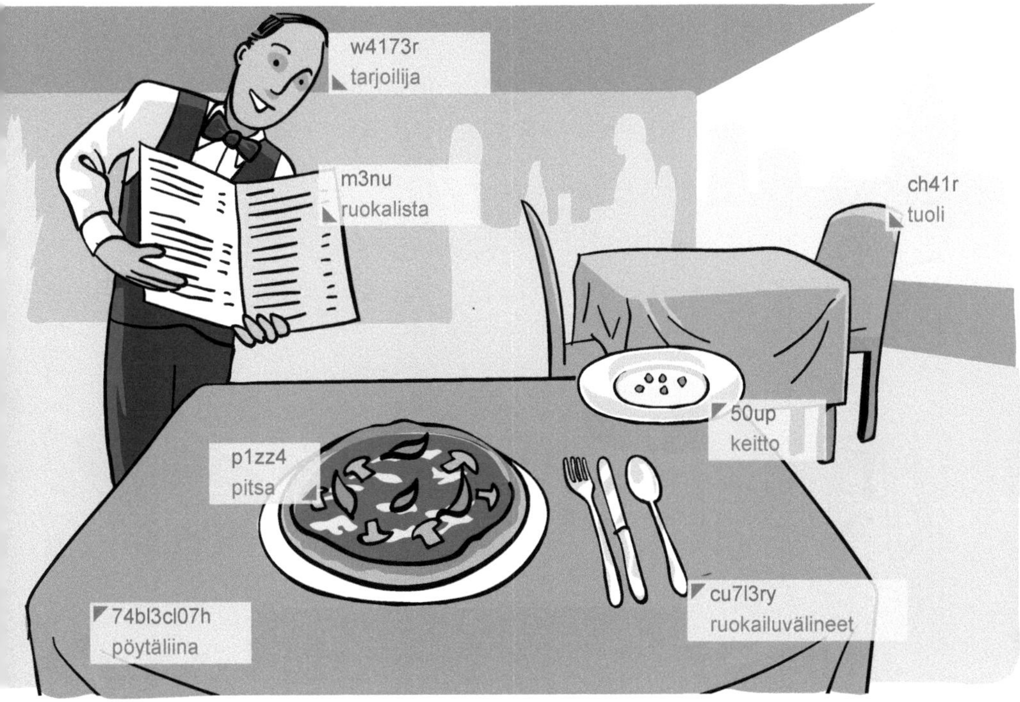
w4173r
tarjoilija
m3nu
ruokalista
ch41r
tuoli
50up
keitto
p1zz4
pitsa
74bl3cl07h
pöytäliina
cu7l3ry
ruokailuvälineet

574r73r

alkuruoka

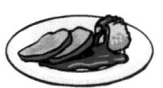

m41n c0ur53

pääruoka

d3553r7

jälkiruoka

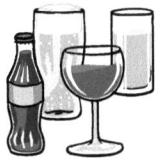

dr1nk5

juomat

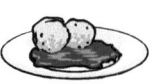

f00d

ruoka

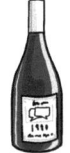

b077l3

pullo

f457 f00d

pikaruoka

57r337 f00d

katuruoka

734p07

teekannu

5u64r b0wl

sokeriastia

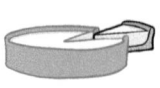

p0r710n

annos

35pr3550 m4ch1n3

espressokeitin

h16h ch41r

syöttötuoli

b1ll

lasku

7r4y

tarjotin

kn1f3

veitsi

f0rk

haarukka

5p00n

lusikka

7345p00n

teelusikka

53rv13773

servietti

6l455

lasi

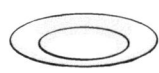

pl473

lautanen

50up pl473

syvä lautanen

54uc3r

aluslautanen

54uc3

kastike

54l7 5h4k3r

suolasirotin

p3pp3r m1ll

pippurimylly

v1n364r

etikka

01l

öljy

5p1c35

mausteet

k37chup

ketsuppi

mu574rd

sinappi

m4y0nn4153

majoneesi

5up3rm4rk37

supermarketti

5p3c14l 0ff3r
tarjous
cu570m3r
asiakas
d41ry pr0duc75
maitotuotteet
fru17
hedelmät
5h0pp1n6 c4r7
ostoskärryt
FOR

BUTCHERS

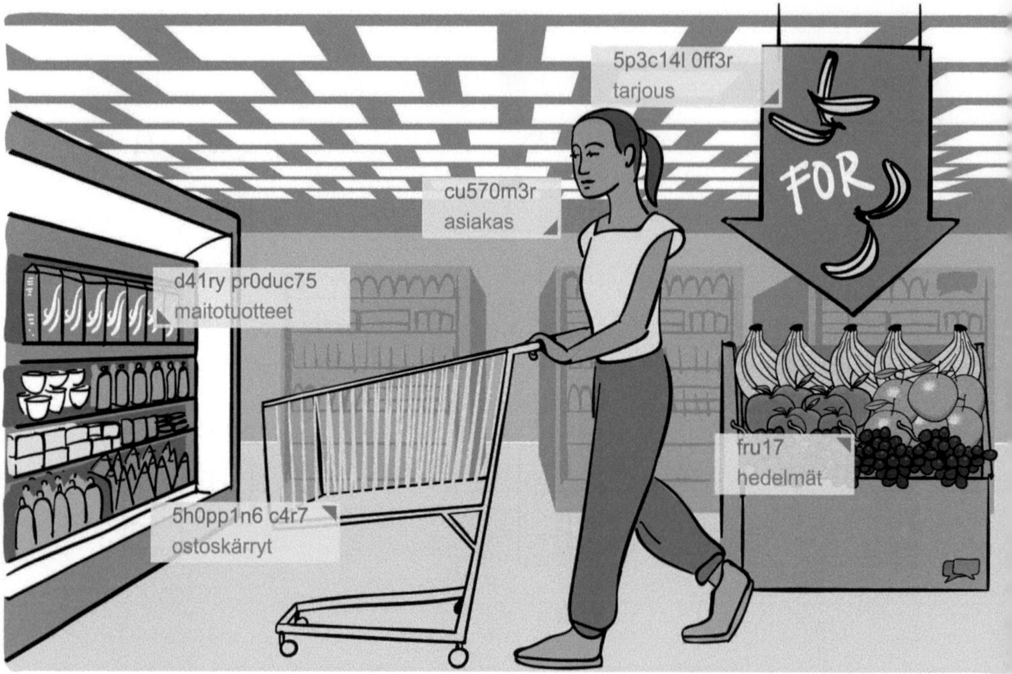

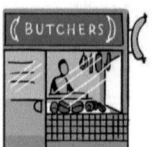

bu7ch3r'5 5h0p

teurastamo

BAKERY

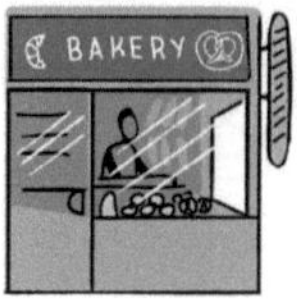

b4k3ry

leipomo

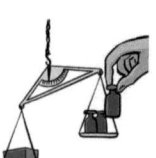

w316h

punnita

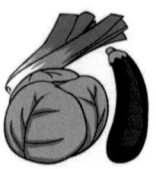

v36374bl35

kasvikset

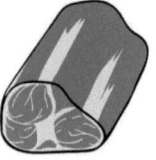

m347

liha

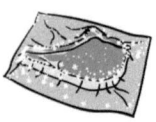

fr0z3n f00d

pakasteet

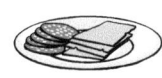

cOld cu75

leikkele

c4nn3d fOOd

säilykkeet

d373r63n7

pesujauhe

c4ndy

makeiset

hOu53hOld prOduc75

kotitaloustarvikkeet

cl34n1n6 prOduc75

puhdistusaineet

54l35 r3pr353n7471v3

myyjä

c45h r361573r

kassa

c45h13r

kassanhoitaja

5hOpp1n6 l157

ostoslista

Op3n1n6 hOur5

aukioloajat

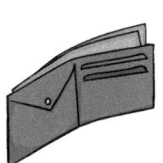

w4ll37

lompakko

cr3d17 c4rd

luottokortti

b46

kassi

pl4571c b46

muovipussi

w473r

vesi

ju1c3

mehu

m1lk

maito

c0k3

kokis

w1n3

viini

b33r

olut

4lc0h0l

alkoholi

c0c04

kaakao

734

tee

c0ff33

kahvi

35pr3550

espresso

c4ppucc1n0

cappuccino

b4n4n4

banaani

4ppl3

omena

0r4n63

appelsiini

m3l0n

meloni

l3m0n

sitruuna

c4rr07

porkkana

64rl1c

valkosipuli

b4mb00

bambu

0n10n

sipuli

mu5hr00m

sieni

nu75

pähkinät

n00dl35

spagetti

5p46h3771

spagetti

r1c3

riisi

54l4d

salaatti

fr135

ranskalaiset

fr13d p0747035

paistetut perunat

p1zz4

pitsa

h4mbur63r

hampurilainen

54ndw1ch

voileipä

35c4l0p3

leike

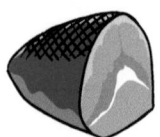

h4m

kinkku

54l4m1

salami

54u5463

makkara

ch1ck3n

kana

r0457

paisti

f15h

kala

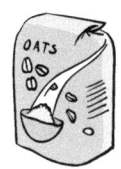

p0rr1d63 0475

kaurahiutaleet

mu35l1

mysli

c0rnfl4k35

murot

fl0ur

jauho

cr01554n7

voisarvi

br34d r0ll

sämpylä

br34d

leipä

70457

paahtoleipä

c00k135

keksit

bu773r

voi

curd

rahka

c4k3

kakku

366

kananmuna

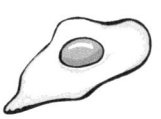

fr13d 366

paistettu kananmuna

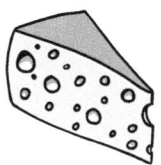

ch3353

juusto

f00d - ruoka

1c3 cr34m

jäätelö

5u64r

sokeri

h0n3y

hunaja

j3lly

hillo

n0u647 cr34m

suklaapähkinälevite

curry

curry

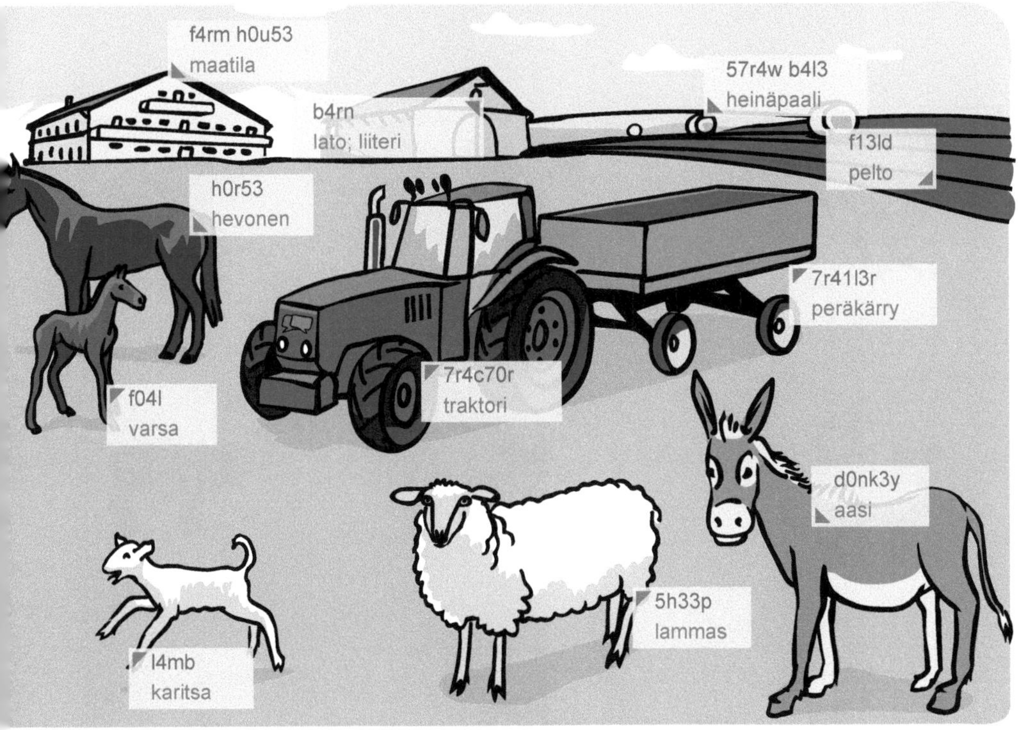

f4rm h0u53
maatila

b4rn
lato; liiteri

57r4w b4l3
heinäpaali

f13ld
pelto

h0r53
hevonen

7r41l3r
peräkärry

7r4c70r
traktori

f04l
varsa

d0nk3y
aasi

5h33p
lammas

l4mb
karitsa

6047

vuohi

c0w

lehmä

c4lf

vasikka

p16

sika

p16l37

porsas

bull

sonni

60053

hanhi

duck

ankka

ch1ck

tipu

h3n

kana

c0ck3r3l

kukko

r47

rotta

c47

kissa

m0u53

hiiri

0x

härkä

d06

koira

d06 h0u53

koirankoppi

64rd3n h053

puutarhaletku

w473r1n6 c4n

kastelukannu

5cy7h3

viikate

pl0u6h

aura

f4rm - maatila

51ckl3

sirppi

h03

kuokka

p17chf0rk

talikko

4x3

kirves

pu5hc4r7

kottikärryt

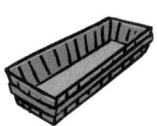

7r0u6h

kaukalo

m1lk c4n

maitokannu

54ck

säkki

f3nc3

aita

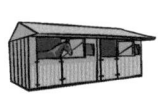

574bl3

talli

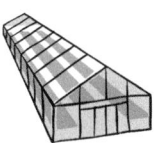

6r33nh0u53

kasvihuone

501l

maa

533d

siemen

f3r71l1z3r

lannoite

c0mb1n3 h4rv3573r

leikkuupuimuri

h4rv357

kerätä sato

h4rv357

sato

y4m5

jamssit

wh347

vehnä

50y4

soija

p07470

peruna

c0rn

maissi

r4p3533d

rypsi

fru17 7r33

hedelmäpuu

m4n10c

maniokki

6r41n

vilja

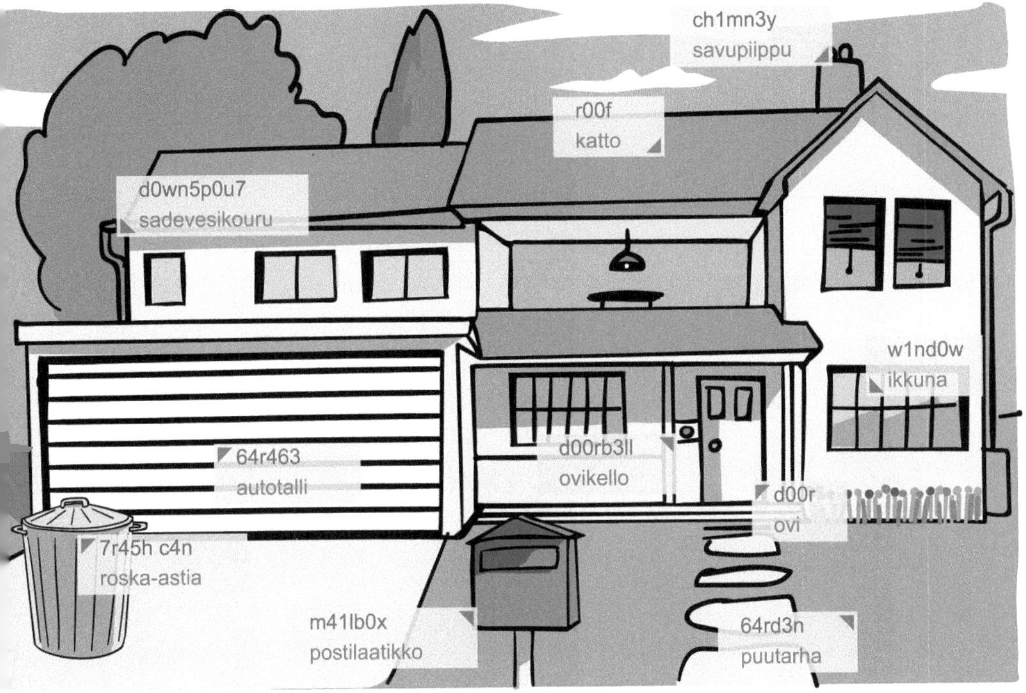

ch1mn3y
savupiippu

r00f
katto

d0wn5p0u7
sadevesikouru

w1nd0w
ikkuna

64r463
autotalli

d00rb3ll
ovikello

d00r
ovi

7r45h c4n
roska-astia

m41lb0x
postilaatikko

64rd3n
puutarha

l1v1n6 r00m

olohuone

b47hr00m

kylpyhuone

k17ch3n

keittiö

b3dr00m

makuuhuone

ch1ld'5 r00m

lastenhuone

d1n1n6 r00m

ruokahuone

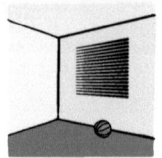

fl00r

lattia

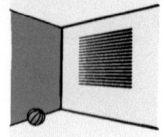

w4ll

seinä

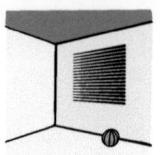

c31l1n6

katto

c3ll4r

kellari

54un4

sauna

b4lc0ny

parveke

73rr4c3

terassi

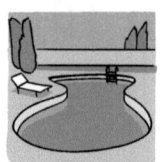

p00l

uima-allas

l4wn m0w3r

ruohonleikkuri

5h337

lakana

b3d5pr34d

päiväpeitto

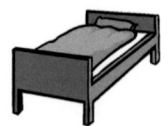

b3d

sänky

br00m

harja

buck37

ämpäri

5w17ch

katkaisin

l1v1n6 r00m
olohuone

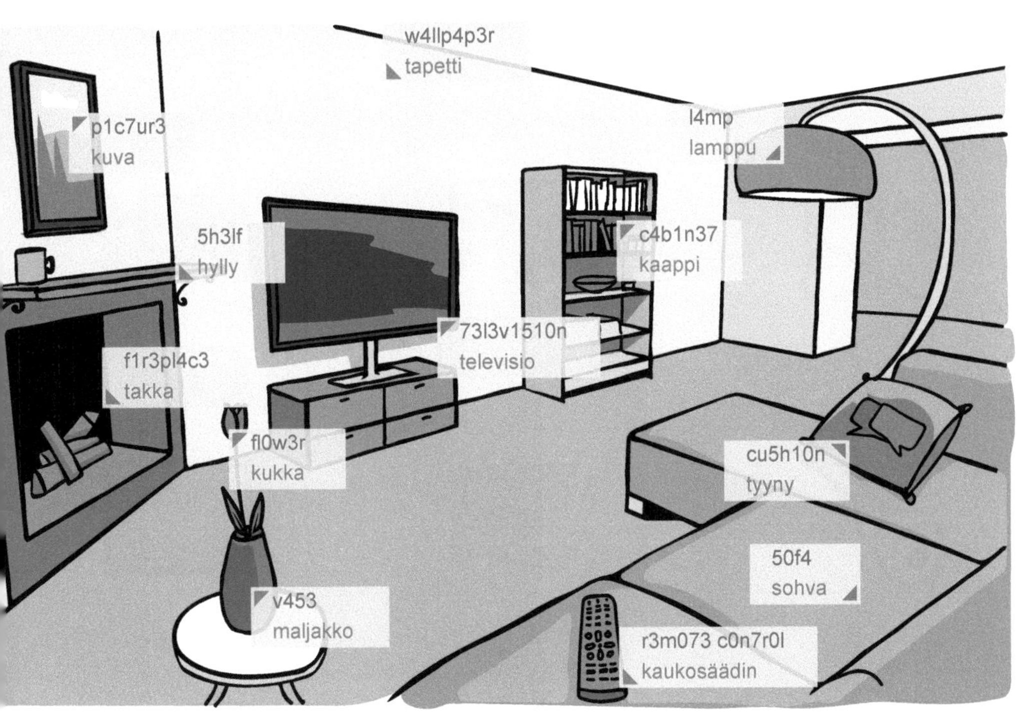

w4llp4p3r
tapetti
p1c7ur3
kuva
l4mp
lamppu
5h3lf
hylly
c4b1n37
kaappi
73l3v1510n
televisio
f1r3pl4c3
takka
fl0w3r
kukka
cu5h10n
tyyny
50f4
sohva
v453
maljakko
r3m073 c0n7r0l
kaukosäädin

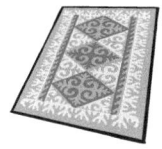

c4rp37
....
matto

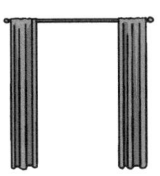

dr4p3
....
verho

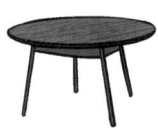

74bl3
....
pöytä

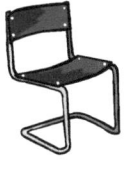

ch41r
....
tuoli

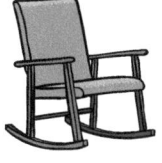

r0ck1n6 ch41r
....
keinutuoli

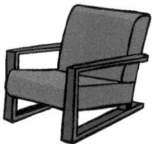

4rmch41r
....
nojatuoli

b00k

kirja

bl4nk37

. peitto

d3c0r4710n

koriste

f1r3w00d

polttopuut

f1lm

elokuva

573r30 5y573m

stereot

k3y

avain

n3w5p4p3r

sanomalehti

p41n71n6

maalaus

p0573r

juliste

r4d10

radio

n073b00k

muistivihko

v4cuum cl34n3r

pölynimuri

c4c7u5

kaktus

c4ndl3

kynttilä

k17ch3n
keittiö

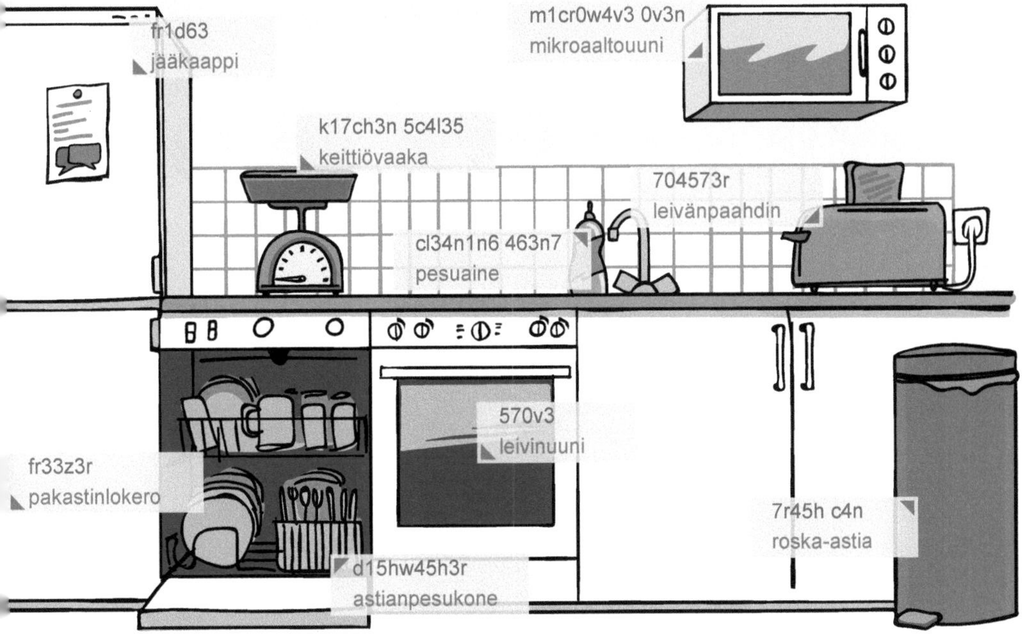

fr1d63
jääkaappi
m1crOw4v3 Ov3n
mikroaaltouuni
k17ch3n 5c4l35
keittiövaaka
704573r
leivänpaahdin
cl34n1n6 463n7
pesuaine
570v3
leivinuuni
fr33z3r
pakastinlokero
7r45h c4n
roska-astia
d15hw45h3r
astianpesukone

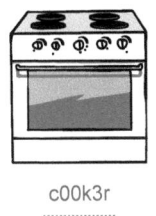

c00k3r

liesi

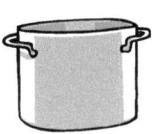

p07

kattila

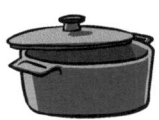

c457-1r0n p07

rautapata

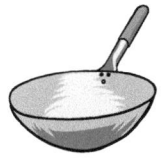

w0k / k4d41

vokkipannu / kadai-pannu

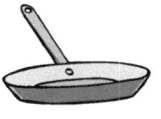

p4n

paistinpannu

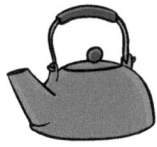

k377l3

teepannu

5734m3r

höyrykeitin

b4k1n6 7r4y

uunipelti

cr0ck3ry

astiat

mu6

muki

b0wl

kulho

ch0p571ck5

syömäpuikot

l4dl3

kauha

5p47ul4

paistinlasta

wh15k

vispilä

57r41n3r

siivilä

513v3

siivilä

6r473r

raastin

m0r74r

mortteli

b4rb3cu3

grilli

f1r3pl4c3

avotuli

ch0pp1n6 b04rd

leikkuulauta

r0ll1n6 p1n

kaulin

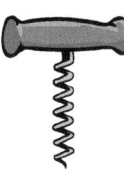

c0rk5cr3w

korkinavaaja

c4n

purkki

c4n 0p3n3r

purkinavaaja

0v3n cl07h

pannulappu

51nk

lavuaari

bru5h

tiskiharja

5p0n63

pesusieni

bl3nd3r

tehosekoitin

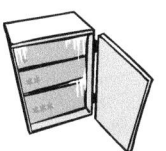

d33p fr33z3r

pakastin

b4by b077l3

tuttipullo

74p

vesihana

b47hr00m

kylpyhuone

h3471n6
lämmitys
70w3l
pyyhe
5h0w3r
suihku
5h0w3r cur741n
suihkuverho
bubbl3 b47h
vaahtokylpy
b47h7ub
kylpyamme
6l455
lasi
w45h1n6 m4ch1n3
pesukone
74p
vesihana
71l35
kaakelit
p077y
potta
51nk
lavuaari

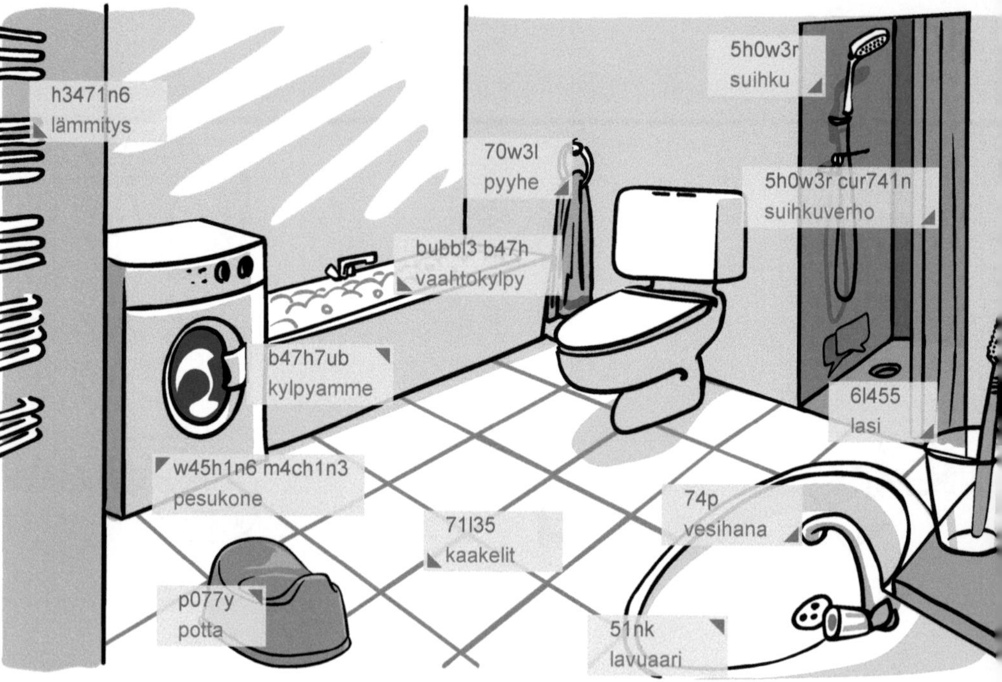

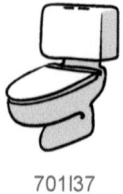

701l37

vessa

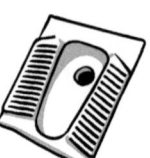

5qu47 701l37

kyykkyvessa

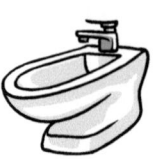

b1d37

bidee

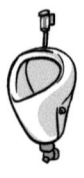

ur1n4l

pisuaari

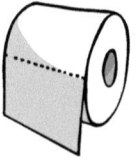

701l37 p4p3r

vessapaperi

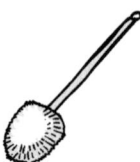

701l37 bru5h

vessaharja

7007hbru5h

hammasharja

7007hp4573

hammastahna

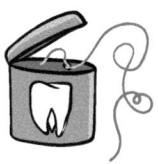

d3n74l fl055

hammaslanka

w45h

pestä

h4nd 5h0w3r

käsisuihku

d0uch3

intiimisuihku

b451n

pesuvati

b4ck bru5h

selkäharja

504p

saippua

5h0w3r 63l

suihkugeeli

5h4mp00

shampoo

fl4nn3l

pesulappu

dr41n

viemäri

cr3m3

voide

d30d0r4n7

deodorantti

m1rr0r

peili

h4nd m1rr0r

käsipeili

r4z0r

partaveitsi

5h4v1n6 f04m

partavaahto

4f73r5h4v3

partavesi

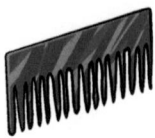

c0mb

kampa

bru5h

harja

h41r-dry3r

hiustenkuivaaja

h41r5pr4y

hiuslakka

m4k3up

meikki

l1p571ck

huulipuna

n41l v4rn15h

kynsilakka

c0770n w00l

pumpuli

n41l 5c1550r5

kynsisakset

p3rfum3

hajuvesi

w45hb46

kosmetiikkalaukku

5700l

jakkara

w316h1n6 5c4l35

vaaka

b47hr0b3

kylpytakki

rubb3r 6l0v35

kumihansikkaat

74mp0n

tamponi

54n174ry 70w3l

terveysside

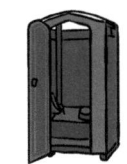

ch3m1c4l 701l37

kemiallinen wc

ch1ld'5 r00m
lastenhuone

4l4rm cl0ck
herätyskello
cuddly 70y
pehmolelu
70y c4r
leikkiauto
r477l3
helistin
d0ll'5 h0u53
nukkekoti
pr353n7
lahja

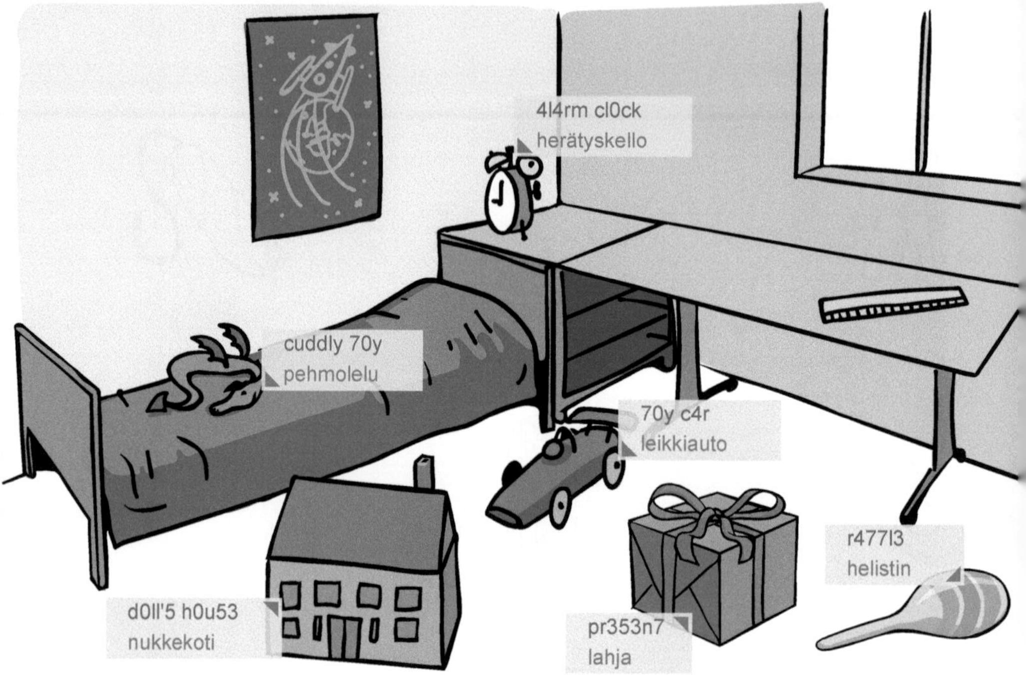

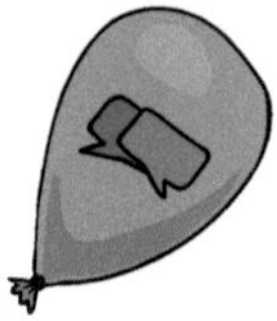

b4ll00n
ilmapallo

b3d
sänky

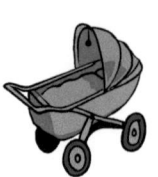

57r0ll3r
lastenvaunut

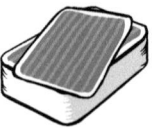

d3ck 0f c4rd5
korttipeli

j1654w
palapeli

SUPER
MEGA

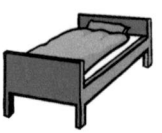

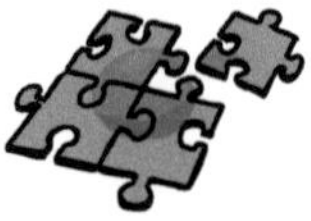

c0m1c
sarjakuva

l360 br1ck5

legopalikat

70y bl0ck5

rakennuspalikat

4c710n f16ur3

supersankari

r0mp3r 5u17

potkupuku

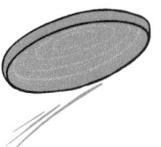

fr15b33

frisbee

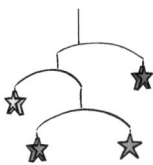

m0b1l3

mobile

b04rd 64m3

lautapeli

d1c3

noppa

m0d3l 7r41n 537

pienoisjunarata

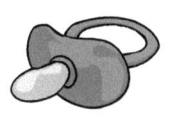

dummy

tutti

p4r7y

juhlat

p1c7ur3 b00k

kuvakirja

b4ll

pallo

d0ll

nukke

pl4y

leikkiä

54ndp17

hiekkalaatikko

5w1n6

keinu

70y

lelut

v1d30 64m3 c0n50l3

pelikonsoli

7r1cycl3

kolmipyörä

73ddy b34r

nalle

w4rdr0b3

vaatekaappi

cl07h1n6

vaatteet

50ck5

sukat

570ck1n65

nylonsukat

716h75

sukkahousut

5c4rf
kaulaliina

umbr3ll4
sateenvarjo

7-5h1r7
t-paita

b3l7
vyö

b0075
saappaat

5l1pp3r5
sisätossut

5n34k3r5
lenkkarit

54nd4l5
....
sandaalit

5h035
....
kengät

rubb3r b0075
....
kumisaappaat

br13f5
....
alushousut

br4
....
rintaliivit

und3r5h1r7
....
aluspaita

b0dy

body

p4n75

housut

j34n5

farkut

5k1r7

hame

bl0u53

pusero

5h1r7

paita

pull0v3r

villapaita

5w3473r

collegepaita

bl4z3r

jakku

j4ck37

takki

c047

takki

r41nc047

sadetakki

c057um3

puku

dr355

mekko

w3dd1n6 dr355

hääpuku

5u17

puku

n16h760wn

yöpaita

p4j4m45

pyjama

54r1

shari

h34d5c4rf

päähuivi

7urb4n

turbaani

burk4

burka

k4f74n

kaftaani

4b4y4

abaya

5w1m5u17

uimapuku

7runk5

uimahousut

5h0r75

shortsit

7r4ck5u17

verkkarit

4pr0n

esiliina

6l0v35

käsineet

bu770n

nappi

6l45535

silmälasit

br4c3l37

rannekoru

n3ckl4c3

kaulakoru

r1n6

sormus

34rr1n6

korvakoru

c4p

lippalakki

c047 h4n63r

ripustin

h47

hattu

713

solmio

z1p

vetoketju

h3lm37

kypärä

br4c35

henkselit

5ch00l un1f0rm

koulupuku

un1f0rm

univormu

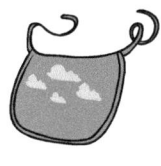

b1b
....
ruokalappu

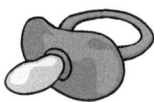

dummy
....
tutti

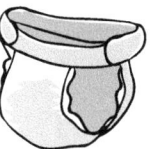

d14p3r
....
vaippa

0ff1c3
toimisto

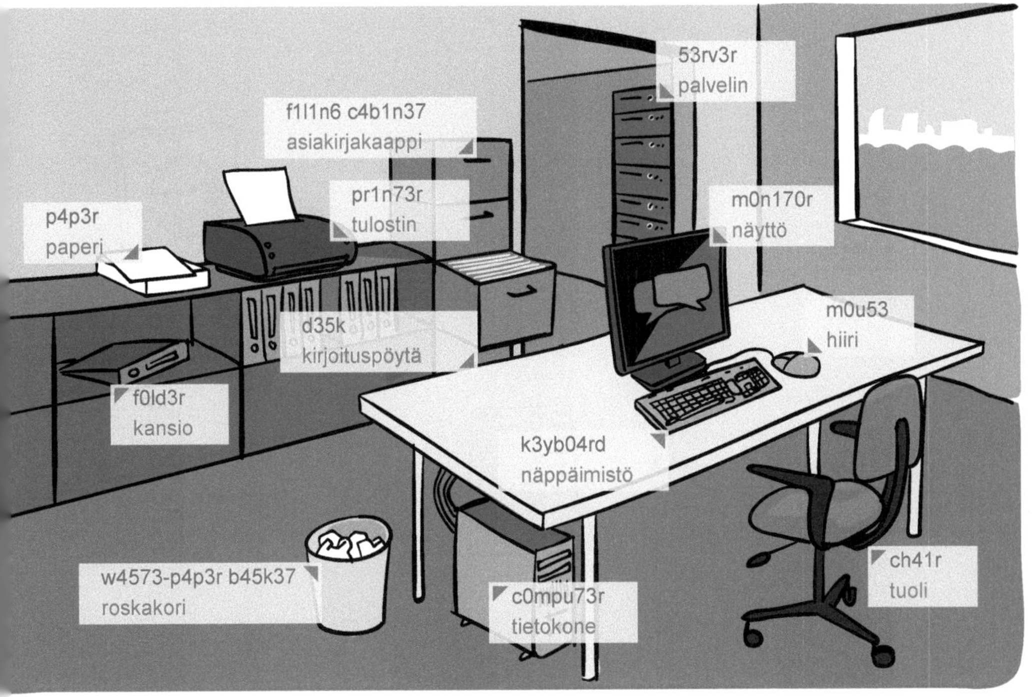

53rv3r
palvelin
f1l1n6 c4b1n37
asiakirjakaappi
pr1n73r
tulostin
p4p3r
paperi
m0n170r
näyttö
d35k
kirjoituspöytä
m0u53
hiiri
f0ld3r
kansio
k3yb04rd
näppäimistö
w4573-p4p3r b45k37
roskakori
c0mpu73r
tietokone
ch41r
tuoli

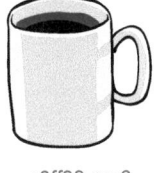

c0ff33 mu6
....
kahvimuki

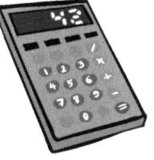

c4lcul470r
....
taskulaskin

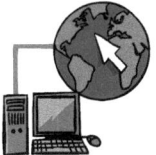

1n73rn37
....
internet

l4p70p

kannettava tietokone

l3773r

kirje

m355463

viesti

c3ll ph0n3

kännykkä

n37w0rk

verkko

ph070c0p13r

kopiokone

50f7w4r3

ohjelmisto

73l3ph0n3

puhelin

plu6 50ck37

pistorasia

f4x m4ch1n3

faksi

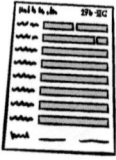

f0rm

lomake

d0cum3n7

asiakirja

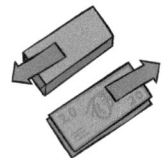

buy

ostaa

p4y

maksaa

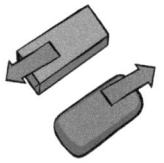

7r4d3

vaihtaa

m0n3y

raha

USD

d0ll4r

dollari

EUR

3ur0

euro

JPY

y3n

jeni

RUB

r0ubl3

rupla

CHF

5w155 fr4nc

frangi

CNY

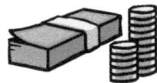

r3nm1nb1 yu4n

renminbi juan

INR

rup33

rupia

c45h p01n7

pankkiautomaatti

curr3ncy 3xch4n63 0ff1c3

rahanvaihto

60ld

kulta

51lv3r

hopea

01l

öljy

3n3r6y

energia

pr1c3

hinta

c0n7r4c7

sopimus

74x

vero

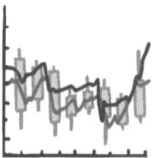

570ck

osake

w0rk

työskennellä

3mpl0y33

työntekijä

3mpl0y3r

työnantaja

f4c70ry

tehdas

5h0p

liike

0ccup4710n5
ammatit

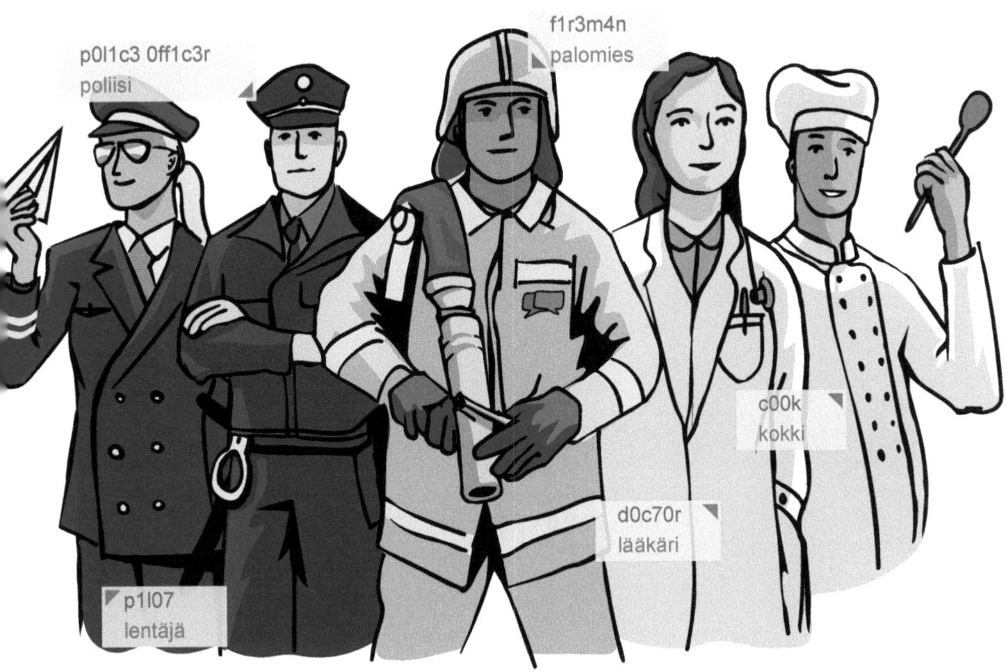

p0l1c3 0ff1c3r
poliisi
f1r3m4n
palomies
c00k
kokki
d0c70r
lääkäri
p1l07
lentäjä

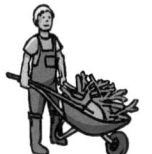

64rd3n3r
puutarhuri

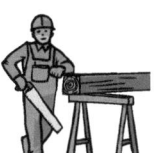

c4rp3n73r
puuseppä

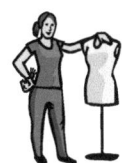

534m57r355
ompelija

jud63
tuomari

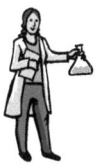

ch3m157
kemisti

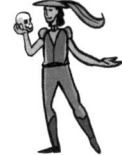

4c70r
näyttelijä

bu5 dr1v3r

linja-autonkuljettaja

74x1 dr1v3r

taksinkuljettaja

f15h3rm4n

kalastaja

cl34n1n6 l4dy

siivooja

r00f3r

katontekijä

w4173r

tarjoilija

hun73r

metsästäjä

p41n73r

maalari

b4k3r

leipuri

3l3c7r1c14n

sähköasentaja

bu1ld3r

rakentaja

3n61n33r

insinööri

bu7ch3r

teurastaja

plumb3r

putkiasentaja

p057m4n

postinjakaja

50ld13r

sotilas

4rch173c7

arkkitehti

c45h13r

kassanhoitaja

fl0r157

floristi

h41rdr3553r

kampaaja

c0nduc70r

konduktööri

m3ch4n1c

mekaanikko

c4p741n

kapteeni

d3n7157

hammaslääkäri

5c13n7157

tiedemies

r4bb1

rabbi

1m4m

imaami

m0nk

munkki

p4570r

pappi

700l5

työkalut

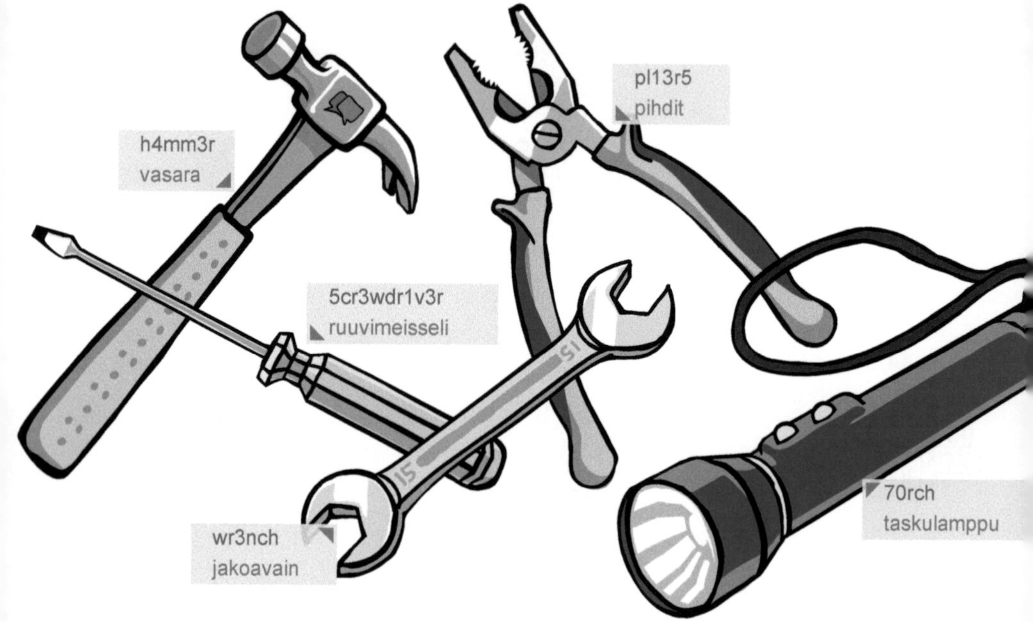
h4mm3r
vasara
pl13r5
pihdit
5cr3wdr1v3r
ruuvimeisseli
wr3nch
jakoavain
70rch
taskulamppu

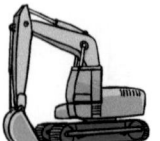

3xc4v470r

kaivinkone

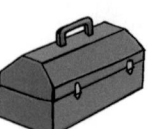

700lb0x

työkalupakki

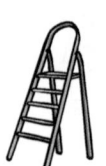

l4dd3r

tikkaat

54w

saha

n41l5

naulat

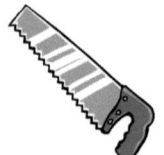

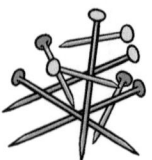

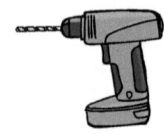

dr1ll

pora

r3p41r

korjata

5h0v3l

lapio

d4mn!

Hitto!

du57p4n

rikkalapio

p41n7 c4n

maalipurkki

5cr3w5

ruuvit

mu51c4l 1n57rum3n75

soittimet

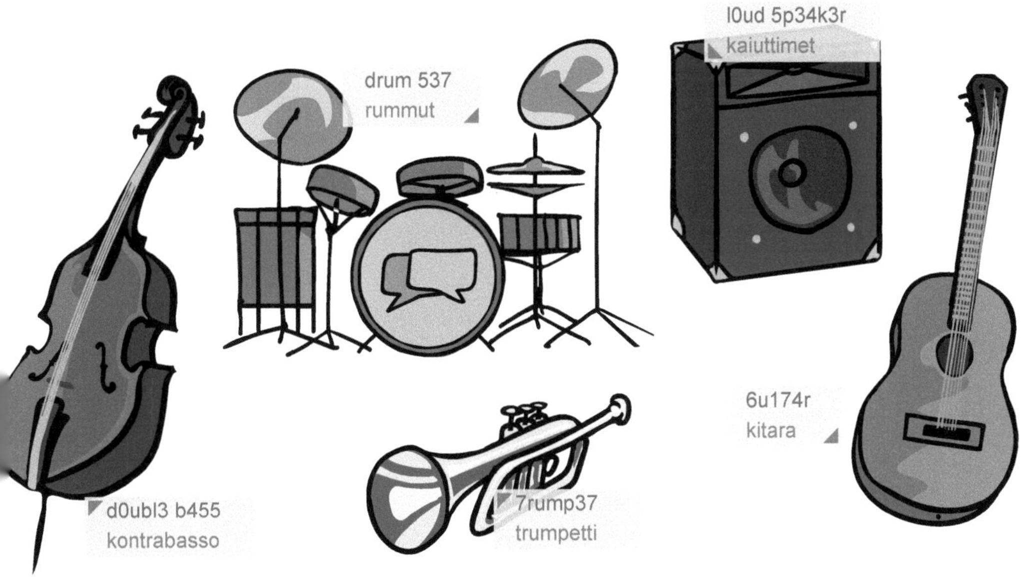

drum 537
rummut

l0ud 5p34k3r
kaiuttimet

6u174r
kitara

d0ubl3 b455
kontrabasso

7rump37
trumpetti

p14n0

piano

v10l1n

viulu

b455

basso

71mp4n1

patarummut

drum5

rumpu

k3yb04rd

kosketinsoitin

54x0ph0n3

saksofoni

flu73

huilu

m1cr0ph0n3

mikrofoni

7163r
tiikeri

3n7r4nc3
sisäänkäynti

c463
häkki

z3br4
seepra

4n1m4l f33d
eläinten ruoka

p4nd4
panda

4n1m4l5

eläimet

3l3ph4n7

norsu

k4n64r00

kenguru

rh1n0

sarvikuono

60r1ll4

gorilla

b34r

karhu

c4m3l

kameli

057r1ch

strutsi

l10n

leijona

m0nk3y

apina

fl4m1n60

flamingo

p4rr07

papukaija

p0l4r b34r

jääkarhu

p3n6u1n

pingviini

5h4rk

hai

p34c0ck

riikinkukko

5n4k3

käärme

cr0c0d1l3

krokotiili

z00k33p3r

eläintarhanhoitaja

534l

hylje

j46u4r

jaguaari

z00 - eläintarha

pOny

poni

l30p4rd

leopardi

h1ppO

virtahepo

61r4ff3

kirahvi

346l3

kotka

b04r

villisika

f15h

kala

7ur7l3

kilpikonna

w4lru5

mursu

fOx

kettu

64z3ll3

gaselli

4m3r1c4n f007b4ll
amerikkalainen jalkapallo

cycl1n6
pyöräily

73nn15
tennis

b45k37b4ll
koripallo

5w1mm1n6
uinti

b0x1n6
nyrkkeily

1c3 h0ck3y
jääkiekko

50cc3r

jalkapallo

b4dm1n70n

sulkapallo

47hl371c5

yleisurheilu

h4ndb4ll

käsipallo

5k11n6

hiihto

p0l0

poolo

4c71v17135
aktiviteetit

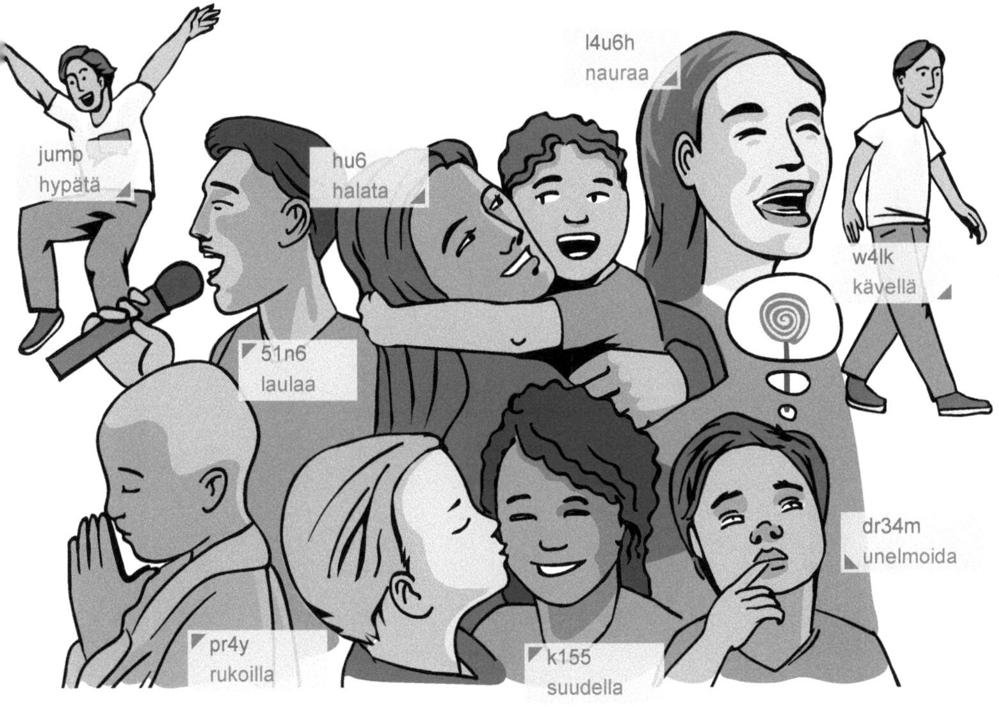
jump
hypätä
hu6
halata
l4u6h
nauraa
w4lk
kävellä
51n6
laulaa
dr34m
unelmoida
pr4y
rukoilla
k155
suudella

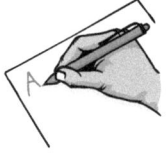

wr173
kirjoittaa

dr4w
piirtää

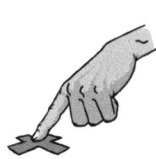

5h0w
näyttää

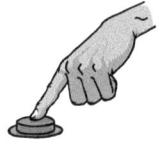

pu5h
painaa

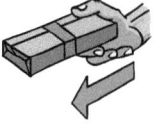

61v3
antaa

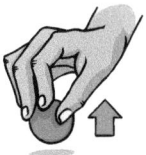

74k3
ottaa

h4v3

omistaa

d0

tehdä

b3

olla

574nd

seisoa

run

juosta

pull

vetää

7hr0w

heittää

f4ll

kaatua

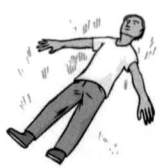

l13

maata

w417

odottaa

c4rry

kantaa

517

istua

637 dr3553d

pukeutua

5l33p

nukkua

w4k3 up

herätä

l00k 47

katsoa

cry

itkeä

57r0k3

silittää

c0mb

kammata

74lk

puhua

und3r574nd

ymmärtää

45k

kysyä

l1573n

kuunnella

dr1nk

juoda

347

syödä

71dy up

siivota

l0v3

rakastaa

c00k

keittää

dr1v3

ajaa

fly

lentää

5411
purjehtia

c4lcul473
laskea

r34d
lukea

l34rn
oppia

w0rk
työskennellä

m4rry
mennä naimisiin

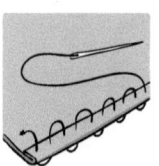

53w
ommella

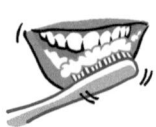

bru5h 7337h
pestä hampaat

k1ll
tappaa

5m0k3
tupakoida

53nd
lähettää

f4m1ly
perhe

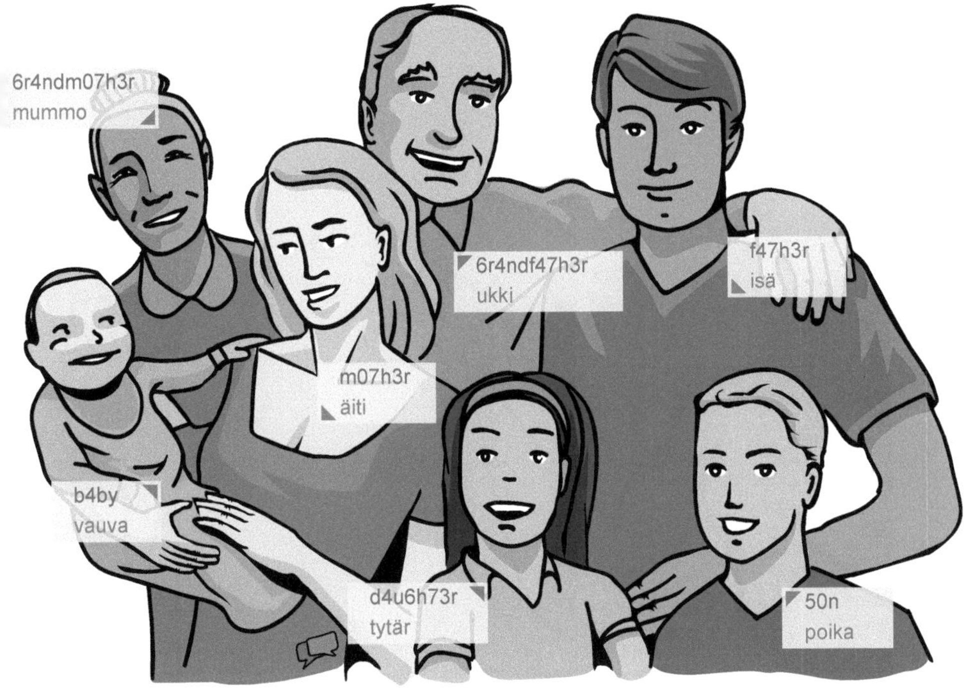

6r4ndm07h3r
mummo
6r4ndf47h3r
ukki
f47h3r
isä
m07h3r
äiti
b4by
vauva
d4u6h73r
tytär
50n
poika

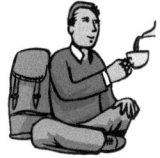

6u357
vieras

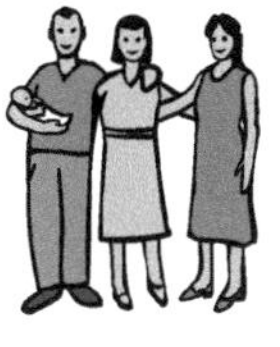

4un7
täti

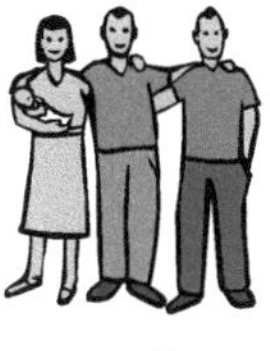

uncl3
setä

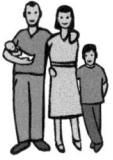

br07h3r
veli

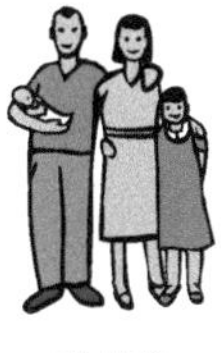

51573r
sisko

b0dy

vartalo

f0r3h34d
otsa
3y3
silmä
5h0uld3r
olkapää
f1n63r
sormet
f4c3
kasvot
ch1n
leuka
h4nd
käsi
l36
jalka
br3457
rinta
4rm
käsivarsi

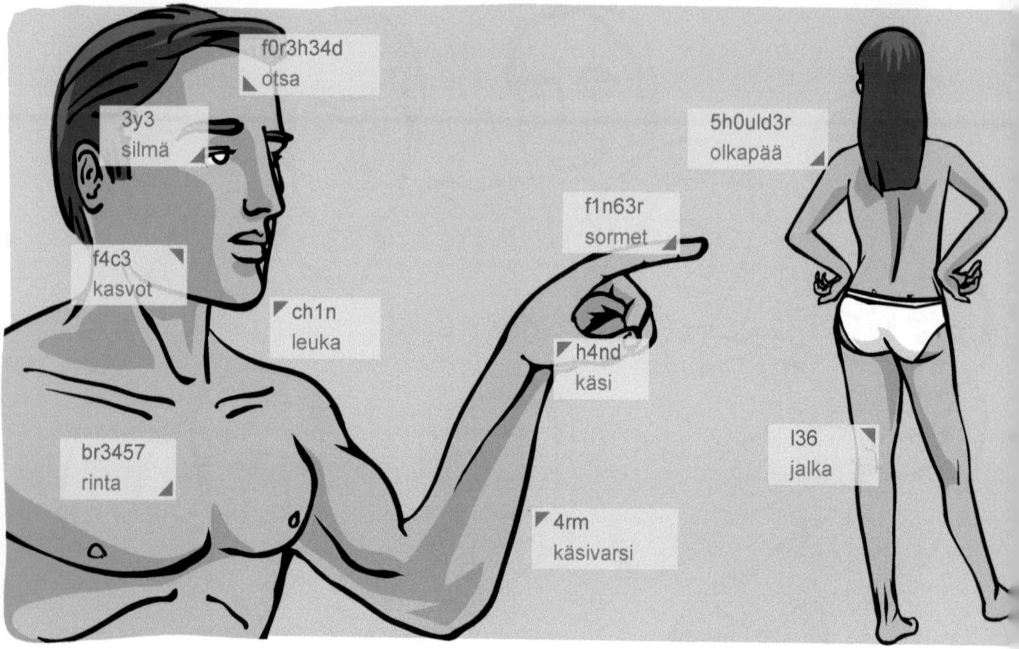

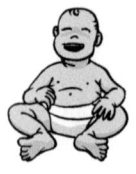

b4by

vauva

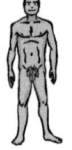

m4n

mies

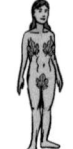

w0m4n

nainen

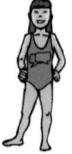

61rl

tyttö

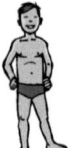

b0y

poika

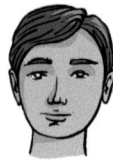

h34d

pää

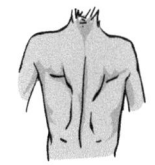

b4ck

selkä

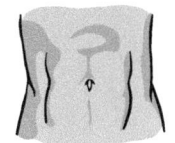

b3lly

maha

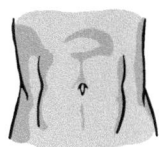

n4v3l

napa

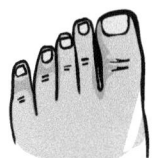

703

varvas

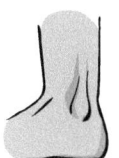

h33l

kantapää

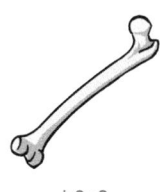

b0n3

luu

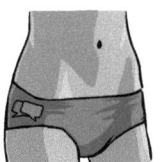

h1p

lantio

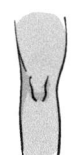

kn33

polvi

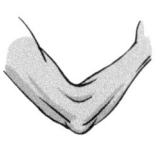

3lb0w

kyynärpää

n053

nenä

bu770ck5

takapuoli

5k1n

iho

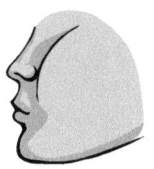

ch33k

poski

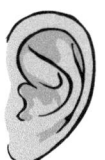

34r

korva

l1p

huuli

mOu7h
suu

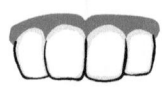

7007h
hammas

70n6u3
kieli

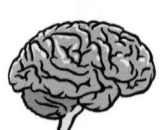

br41n
aivot

h34r7
sydän

mu5cl3
lihas

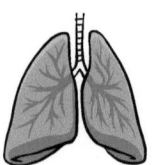

lun6
keuhkot

l1v3r
maksa

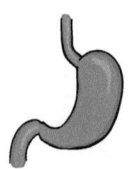

570m4ch
vatsa

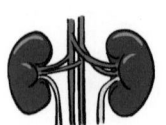

k1dn3y5
munuaiset

53x
seksi

cOndOm
kondomi

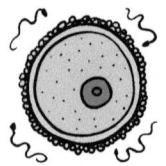

Ovum
munasolu

53m3n
sperma

pr36n4ncy
raskaus

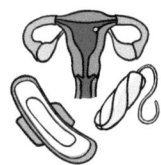

m3n57ru4710n

kuukautiset

v461n4

vagina

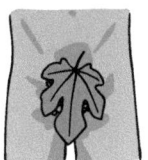

p3n15

penis

3y3br0w

kulmakarvat

h41r

hiukset

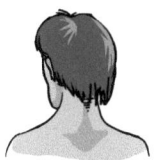

n3ck

niska

h05p174l
sairaala

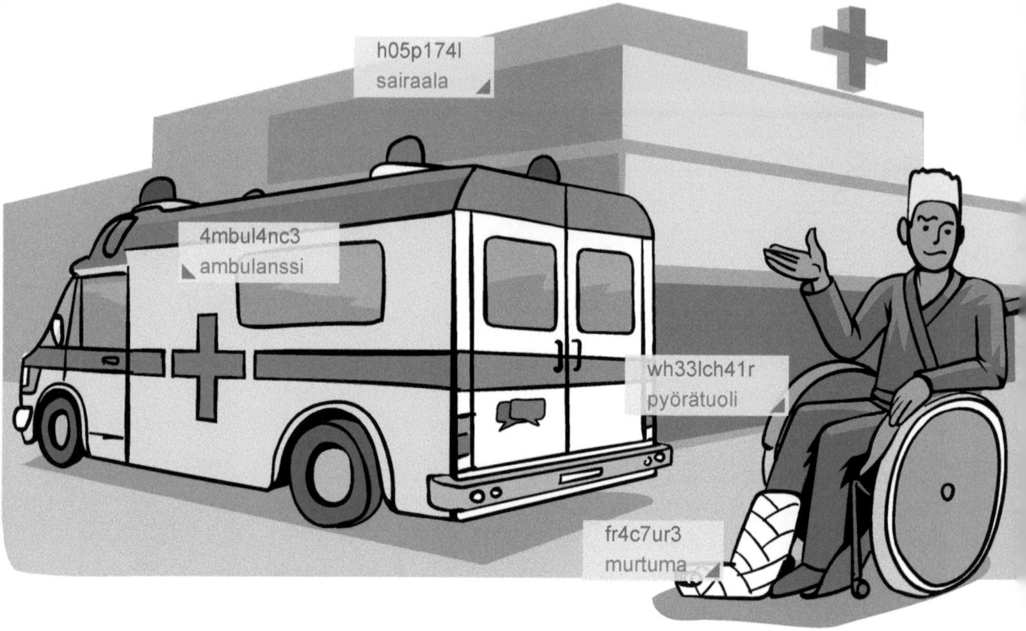

h05p174l
sairaala
4mbul4nc3
ambulanssi
wh33lch41r
pyörätuoli
fr4c7ur3
murtuma

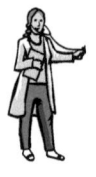

d0c70r

lääkäri

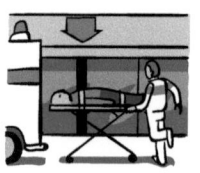

3m3r63ncy r00m

ensiapu

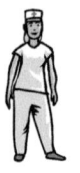

nur53

sairaanhoitaja

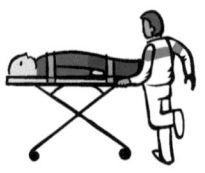

3m3r63ncy

hätätilanne

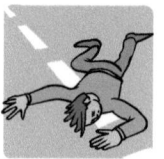

unc0n5c10u5

tajuton

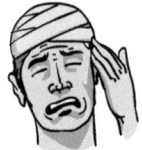

p41n

kipu

1njury

vamma

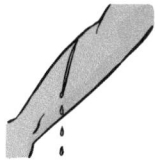

bl33d1n6

verenvuoto

h34r7 4774ck

sydänkohtaus

57r0k3

aivoinfarkti

4ll3r6y

allergia

c0u6h

yskä

f3v3r

kuume

flu

flunssa

d14rrh34

ripuli

h34d4ch3

päänsärky

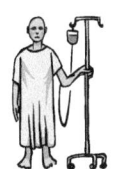

c4nc3r

syöpä

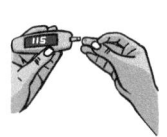

d14b3735

diabetes

5ur630n

kirurgi

5c4lp3l

veitsi

0p3r4710n

leikkaus

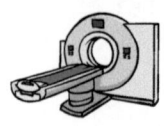

c7

ct

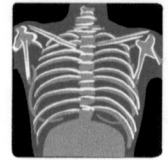

x-r4y

röntgen

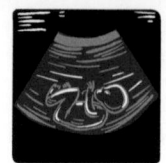

ul7r450und

ultraääni

f4c3 m45k

maski

d153453

sairaus

w4171n6 r00m

odotushuone

cru7ch

sauva

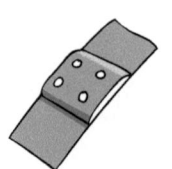

pl4573r

laastari

b4nd463

side

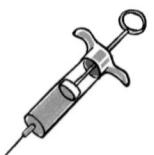

1nj3c710n

pistos

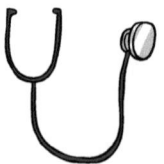

5737h05c0p3

stetoskooppi

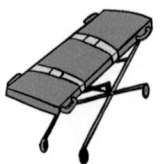

57r37ch3r

paarit

cl1n1c4l 7h3rm0m373r

kuumemittari

b1r7h

syntymä

0v3rw316h7

ylipaino

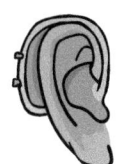

h34r1n6 41d

kuulolaite

d151nf3c74n7

desinfiointiaine

1nf3c710n

infektio

v1ru5

virus

h1v / 41d5

HIV / AIDS

m3d1c1n3

lääke

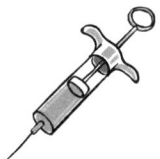

v4cc1n4710n

rokotus

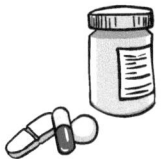

74bl375

tabletit

p1ll

pilleri

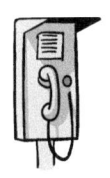

3m3r63ncy c4ll

hätäpuhelu

bl00d pr355ur3 m0n170r

verenpainemittari

1ll / h34l7hy

sairas / terve

h3lp!

Apua!

4l4rm

hälytys

4554ul7

ryöstö

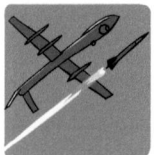

4774ck

hyökkäys

d4n63r

vaara

3m3r63ncy 3x17

hätäuloskäynti

f1r3!

Tulipalo!

f1r3 3x71n6u15h3r

palosammutin

4cc1d3n7

onnettomuus

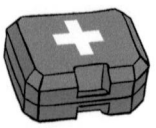

f1r57-41d k17

ensiapulaukku

505

SOS

p0l1c3

poliisilaitos

3ur0p3

Eurooppa

n0r7h 4m3r1c4

Pohjois-Amerikka

50u7h 4m3r1c4

Etelä-Amerikka

4fr1c4

Afrikka

4514

Aasia

4u57r4l14

Australia

47l4n71c

Atlantin valtameri

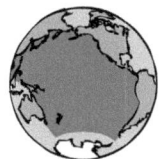

p4c1f1c

Tyynimeri

1nd14n 0c34n

Intian valtameri

4n74rc71c 0c34n

Eteläinen jäämeri

4rc71c 0c34n

Pohjoinen jäämeri

n0r7h p0l3

pohjoisnapa

50u7h p0l3
....
etelänapa

4n74rc71c4
....
Antarktis

34r7h
....
maa

l4nd
....
maa

534
....
meri

15l4nd
....
saari

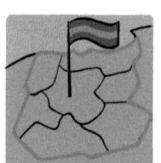

n4710n
....
kansa

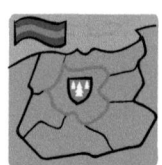

57473
....
osavaltio

cl0ck f4c3

kellotaulu

h0ur h4nd

tuntiviisari

m1nu73 h4nd

minuuttiviisari

53c0nd h4nd

sekuntiviisari

wh47 71m3 15 17?

Paljonko kello on?

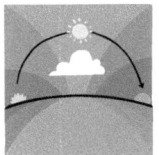

d4y

päivä

71m3

aika

n0w

nyt

d16174l w47ch

digitaalikello

m1nu73

minuutti

h0ur

tunti

w33k
viikko

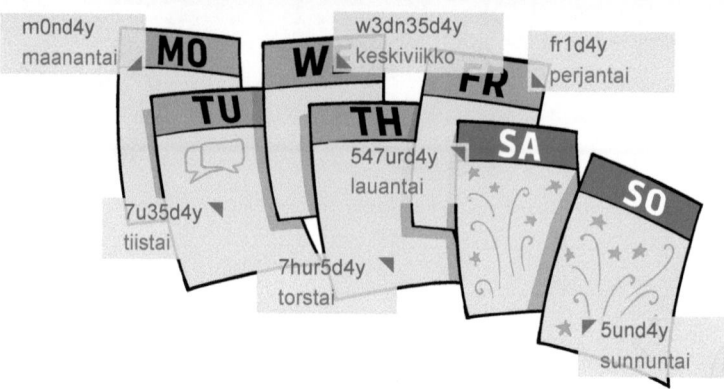

mOnd4y
maanantai

w3dn35d4y
keskiviikko

fr1d4y
perjantai

7u35d4y
tiistai

7hur5d4y
torstai

547urd4y
lauantai

5und4y
sunnuntai

y3573rd4y

eilen

70d4y

tänään

70m0rr0w

huomenna

m0rn1n6

aamu

n00n

keskipäivä

3v3n1n6

ilta

MO	TU	WE	TH	FR	SA	SU
1	2	3	4	5	6	7
8	9	10	11	12	13	14
15	16	17	18	19	20	21
22	23	24	25	26	27	28
29	30	31	1	2	3	4

w0rkd4y5

työpäivät

MO	TU	WE	TH	FR	SA	SU
1	2	3	4	5	6	7
8	9	10	11	12	13	14
15	16	17	18	19	20	21
22	23	24	25	26	27	28
29	30	31	1	2	3	4

w33k3nd

viikonloppu

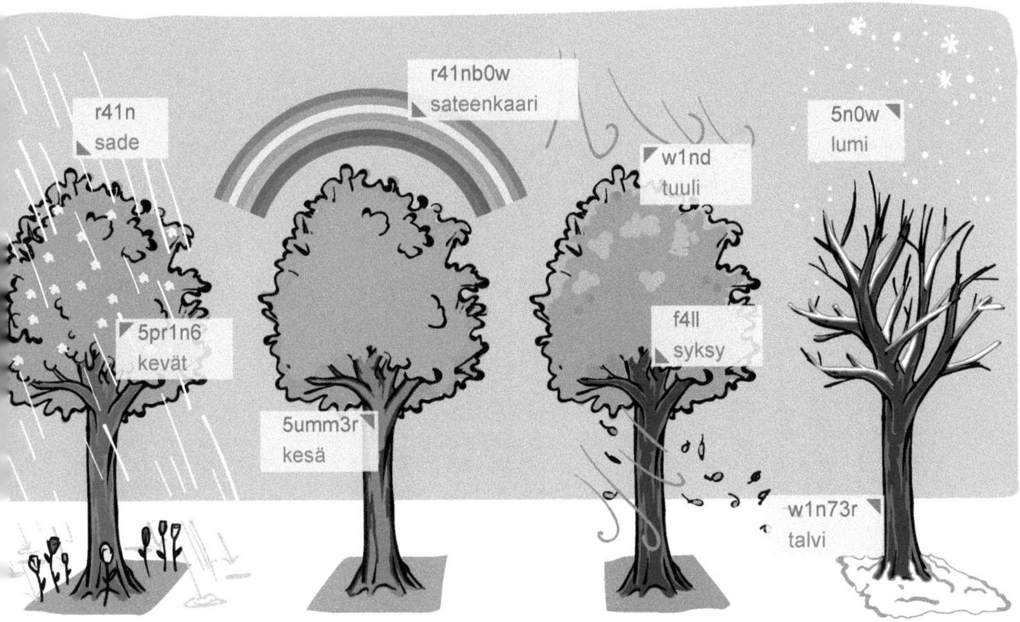

r41n
sade
r41nb0w
sateenkaari
5n0w
lumi
w1nd
tuuli
5pr1n6
kevät
f4ll
syksy
5umm3r
kesä
w1n73r
talvi

4.APRIL 11°
5.APRIL 4°
6.APRIL 13°
7.APRIL 8°
8.APRIL 10°

w347h3r f0r3c457

sääennuste

F C
120 40
90 30
60 20
30 10
0 0
-30 -10
-20

7h3rm0m373r

lämpömittari

5un5h1n3

auringonpaiste

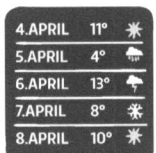

cl0ud

pilvi

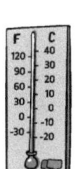

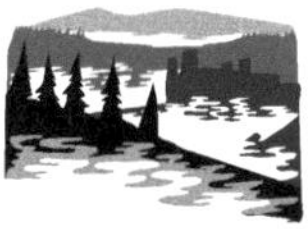

f06

sumu

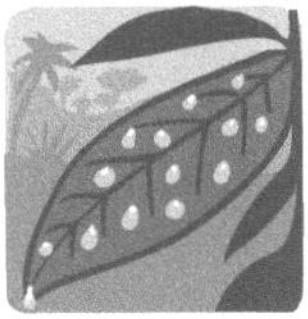

hum1d17y

ilmankosteus

l16h7n1n6

salama

7hund3r

ukkonen

570rm

myrsky

h41l

rae

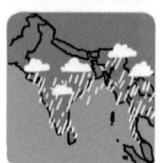

m0n500n

monsuuni

fl00d

tulva

1c3

jää

j4nu4ry

tammikuu

f3bru4ry

helmikuu

m4rch

maaliskuu

4pr1l

huhtikuu

m4y

toukokuu

jun3

kesäkuu

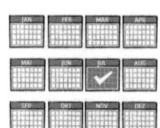

july

heinäkuu

4u6u57

elokuu

y34r - vuosi

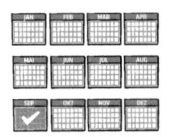

53p73mb3r

syyskuu

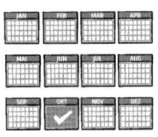

0c70b3r

lokakuu

n0v3mb3r

marraskuu

d3c3mb3r

joulukuu

c1rcl3

ympyrä

5qu4r3

neliö

r3c74n6l3

suorakulmio

7r14n6l3

kolmio

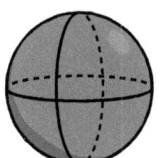

5ph3r3

pallo

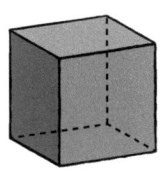

cub3

kuutio

wh173

valkoinen

y3ll0w

keltainen

0r4n63

oranssi

p1nk

vaaleanpunainen

r3d

punainen

purpl3

violetti

blu3

sininen

6r33n

vihreä

br0wn

ruskea

6r4y

harmaa

bl4ck

musta

4 l07 / 4 l177l3

paljon / vähän

4n6ry / c4lm

vihainen / ystävällinen

b34u71ful / u6ly

kaunis / ruma

b361nn1n6 / 3nd

alku / loppu

b16 / 5m4ll

suuri / pieni

br16h7 / d4rk

vaalea / tumma

br07h3r / 51573r

veli / sisko

cl34n / d1r7y

puhdas / likainen

c0mpl373 / 1nc0mpl373

täydellinen / epätäydellinen

d4y / n16h7

päivä / yö

d34d / 4l1v3

kuollut / elävä

w1d3 / n4rr0w

leveä / kapea

3d1bl3 / 1n3d1bl3

syötävä / syömäkelvoton

3v1l / k1nd

paha / kiltti

3xc173d / b0r3d

innostunut / tylsistynyt

f47 / 7h1n

lihava / laiha

f1r57 / l457

ensimmäinen / viimeinen

fr13nd / 3n3my

ystävä / vihollinen

full / 3mp7y

täysi / tyhjä

h4rd / 50f7

kova / pehmeä

h34vy / l16h7

painava / kevyt

hun63r / 7h1r57

nälkä / jano

1ll / h34l7hy

sairas / terve

1ll364l / l364l

laiton / laillinen

1n73ll163n7 / 57up1d

älykäs / tyhmä

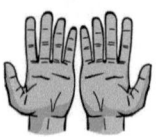

l3f7 / r16h7

vasen / oikea

n34r / f4r

lähellä / kaukana

n3w / u53d

uusi / käytetty

n07h1n6 / 50m37h1n6

ei mitään / jotain

0ld / y0un6

vanha / nuori

0n / 0ff

päällä / pois päältä

0p3n / cl053d

auki / kiinni

qu137 / l0ud

hiljainen / äänekäs

r1ch / p00r

rikas / köyhä

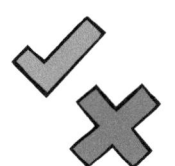

r16h7 / wr0n6

oikein / väärin

r0u6h / 5m007h

karhea / sileä

54d / h4ppy

surullinen / iloinen

5h0r7 / l0n6

lyhyt / pitkä

5l0w / f457

hidas / nopea

w37 / dry

märkä / kuiva

w4rm / c00l

lämmin / viileä

w4r / p34c3

sota / rauha

0

z3r0

nolla

1

0n3

yksi

2

7w0

kaksi

3

7hr33

kolme

4

f0ur

neljä

5

f1v3

viisi

6

51x

kuusi

7

53v3n

seitsemän

8

316h7

kahdeksan

9

n1n3

yhdeksän

10

73n

kymmenen

11

3l3v3n

yksitoista

12

7w3lv3

kaksitoista

13

7h1r733n

kolmetoista

14

fOur733n

neljätoista

15

f1f733n

viisitoista

16

51x733n

kuusitoista

17

53v3n733n

seitsemäntoista

18

316h733n

kahdeksantoista

19

n1n3733n

yhdeksäntoista

20

7w3n7y

kaksikymmentä

100

hundr3d

sata

1.000

7h0u54nd

tuhat

1.000.000

m1ll10n

miljoona

3n6l15h

englanti

4m3r1c4n 3n6l15h

amerikanenglanti

ch1n353 m4nd4r1n

mandariinikiina

h1nd1

hindi

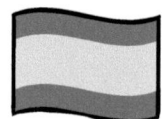

5p4n15h

espanja

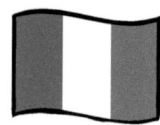

fr3nch

ranska

4r4b1c

arabia

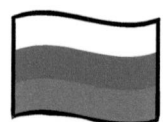

ru5514n

venäjä

p0r7u6u353

portugali

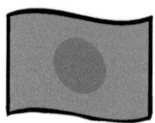

b3n64l1

bengali

63rm4n

saksa

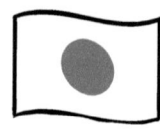

j4p4n353

japani

1

minä

y0u

sinä

♂ ♀ ○

h3 / 5h3 / 17

hän

w3

me

y0u

te

7h3y

he

wh0?

kuka?

wh47?

mitä / mikä?

h0w?

miten?

wh3r3?

missä?

wh3n?

milloin?

HELLO, I AM

n4m3

nimi

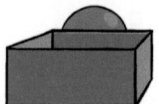

b3h1nd

takana

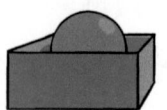

1n

sisällä

1n fr0n7 0f

edessä

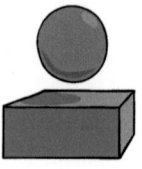

0v3r

yläpuolella

0n

päällä

und3r

alapuolella

b351d3

vieressä

b37w33n

välissä

pl4c3

paikka